France Choquette
Mario Ducharme

Croque-mots

1re année

Cahier d'activités
pour les enfants de 6 et 7 ans

TRÉCARRÉ

Catalogage avant publication de la Bibliothèque nationale du Canada
Choquette, France

Croque-mots : cahier d'activités

2e éd.

Sommaire : 1. Pour les enfants de 6 et 7 ans – 2. Pour les enfants de 7 et 8 ans
3. Pour les enfants de 8 et 9 ans – 4. Pour les enfants de 9 et 10 ans – 5. Pour les enfants de 10 et
11 ans – 6. Pour les enfants de 11 et 12 ans.

ISBN 2-89568-185-6 (v. 1)

1. Vocabulaire – Problèmes et exercices – Ouvrages pour la jeunesse. 2. Reconnaissance des
mots – Problèmes et exercices – Ouvrages pour la jeunesse. 3. Apprentissage de paires associées
– Problèmes et exercices – Ouvrages pour la jeunesse. I. Ducharme, Mario. II. Titre.

PC2445.C45 2004   448.2'076   C2004-940944-1

Nous reconnaissons l'aide financière du gouvernement du Canada par l'entremise du Programme d'Aide au Développement de l'Industrie de l'Édition pour nos activités d'édition.

Nouvelle édition préparée par :
  Rivest et associés

Couverture :
  Kuizin studio

Conception graphique et illustrations :
  Christine Battuz

Mise en pages :
  Infoscan Collette inc.

© 1996, Éditions du Trécarré
© 2004, Éditions du Trécarré

ISBN : 2-89568-185-6

Dépot légal – 2004
Bibliothèque nationale du Québec

Imprimé au Canada

Éditions du Trécarré
7, chemin Bates, Outremont (Québec) H2V 4V7 Canada

Table des matières

3

Mon hiver blanc **54**

5

Un été en toute sécurité 119

7

Me connais-tu ?

Présentation

Salut !

Je te souhaite la bienvenue. Je suis ton nouvel ami. Je m'appelle Gontran.
Avec moi, tu feras toutes sortes d'activités amusantes et tu découvriras un monde merveilleux : la magie des mots.

Je t'assure qu'on s'amusera follement à croquer des mots ensemble !

Ton ami,
Gontran

Ta fiche d'identité

Avant de s'amuser ensemble, faisons connaissance. Lis ma fiche d'identité puis remplis la tienne.

Mon prénom : Gontran

Mon âge : 6 ans

Ma date de naissance :
28 octobre 1997

J'habite : Croquemopolis

Ton portrait

Mon prénom : _____

Mon âge : _____

Ma date de naissance : _____

J'habite : _____

Mes goûts

Qu'est-ce que tu aimes toi ?
Fais un ✔ à côté de tout ce que tu aimes.

maman	mon frère	papa
la crème glacée	les animaux	ma bicyclette
l'école	mon professeur	ma sœur
le chocolat	jouer	mes camarades

J'aime

J'aime

J'aime

J'aime

Les voyelles

Voici les six voyelles de notre alphabet.
Exerce-toi à les écrire.

a

e

i

o

u

y

Des voyelles cachées

En faisant le ménage de ma chambre, j'ai trouvé des lettres sous mon lit.

Colorie toutes les lettres qui sont des voyelles.

13

Encore des voyelles

Encercle les voyelles dans les mots suivants.

ami

banane

livre

école

crayon

pomme

ballon

chaise

Exercices de calligraphie

Écris les mots en suivant les lettres grisées.

maman	un pupitre
un ami	un chat
un crayon	une amie
un livre	papa
un chien	une maison

Des étiquettes-mots

Découpe ces étiquettes-mots et place-les dans une enveloppe. Exerce-toi souvent à épeler ces mots.

 maman

 un pupitre

 un ami

 un chat

 un crayon

 une amie

 un livre

 papa

 un chien

 une maison

Les ballons envolés

Relie chaque ballon à la bonne étiquette.

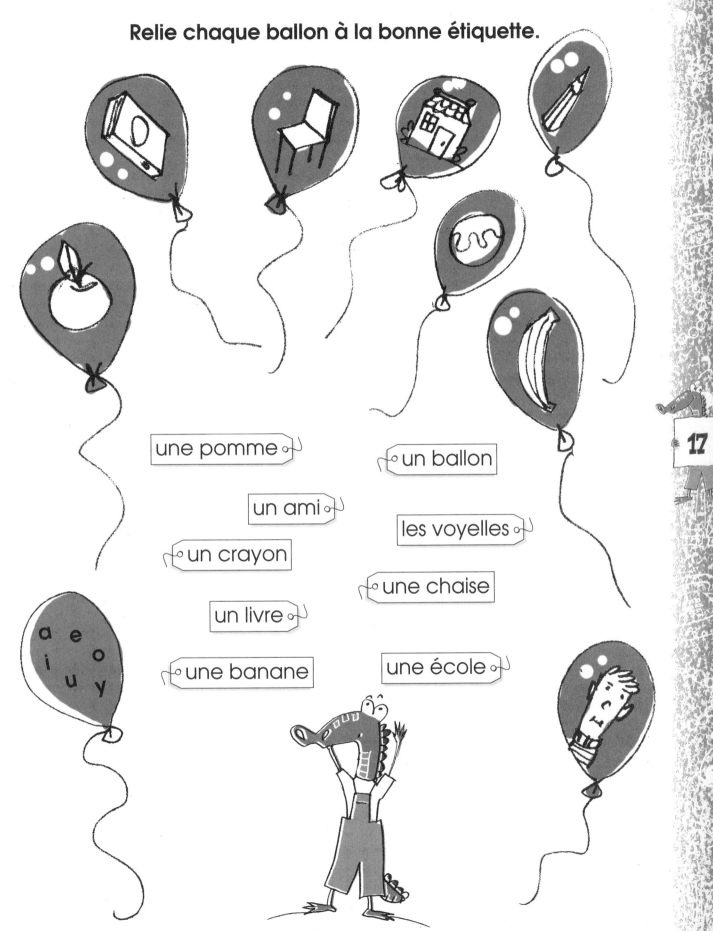

une pomme

un ballon

un ami

les voyelles

un crayon

une chaise

un livre

une banane

une école

Mes parents travaillent

Maman est

__garagiste__.

Papa est

__cuisinier__.

Écris et dessine le métier de tes parents.

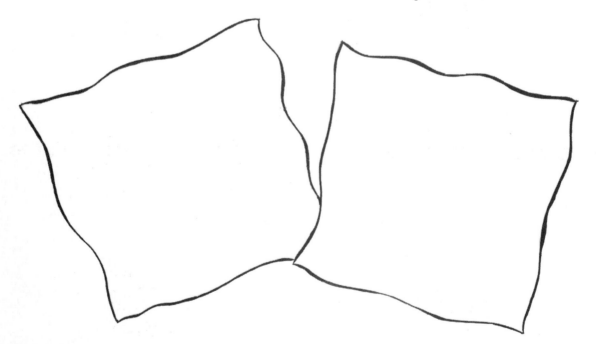

Maman est

Papa est

Les mots cachés

Encercle les mots suivants dans les phrases.

amie	chien	crayon
livre	papa	pupitre

J'aime mon amie Annie.

Mon papa est cuisinier.

Je joue avec mon chien.

Mon crayon vient de Chine.

C'est le pupitre de mon ami.

Voici mon livre préféré.

Des rimes pour Karim

Colorie les paires de mots qui riment.
Utilise une couleur différente pour chaque paire.

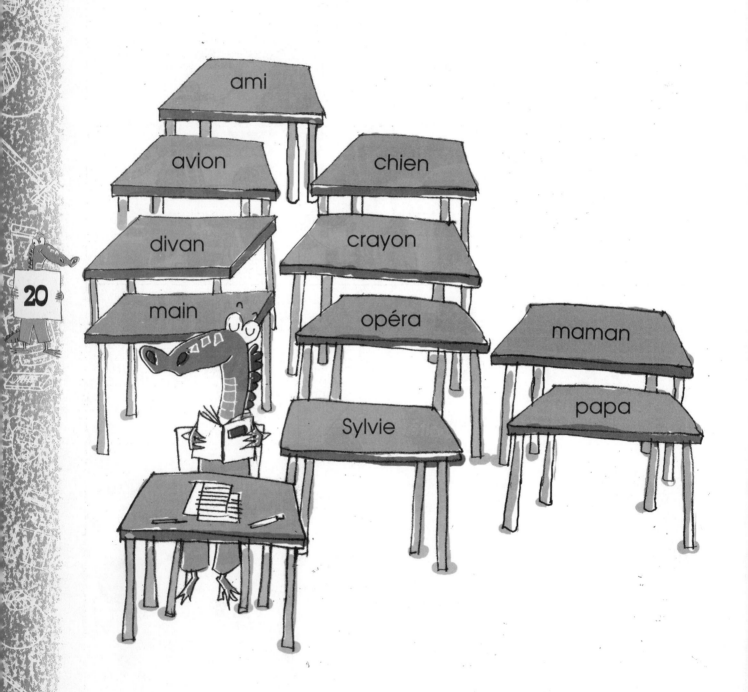

Exercices de calligraphie

Écris les mots en suivant les lettres grisées.

1 2 4 5 3 0	des chiffres		une collation
	un soulier		un bas
	une fleur		une robe
	un chapeau		petit
	une mitaine		chanter

21

Des étiquettes-mots

Découpe ces étiquettes-mots et range-les
dans ton enveloppe d'étiquettes-mots. Exerce-toi
souvent à épeler tous les mots de l'enveloppe.

1 **2** **4** **5** **3** **0** des chiffres	 une collation
 un soulier	 un bas
 une fleur	 une robe
 un chapeau	 petit
 une mitaine	 chanter

22

L'alphabet

1. **Complète l'alphabet suivant en ajoutant les lettres qui manquent.**

   a   b   c   ___   e   f   g   ___   i   j   k   ___   m

   n   o   ___   q   r   s   ___   u   v   w   ___   y   z

2. **Complète les suites de lettres suivantes.**

   a)   v   w   ___   y   x   f)   o   p   q   ___   s

   b)   ___   g   h   i   j   g)   s   ___   u   v   w

   c)   c   d   e   ___   g   h)   b   c   ___   e   f

   d)   ___   l   m   n   o   i)   g   h   i   j   ___

   e)   j   k   ___   m   n   j)   t   u   v   w   ___

23

J'ai six ans maintenant !

Regarde bien les chiffres que Gontran a écrits au tableau.
Avec ton crayon, trace les lettres sur les pointillés.

1   un   4   quatre

2   deux   5   cinq

3   trois   6   six

24

Des lettres et des chiffres

Écris la bonne réponse.

a) zéro + un = _____

f) six – un = _____

b) un + deux = _____

g) sept – deux = _____

c) trois + deux = _____

h) huit + zéro = _____

d) quatre + un = _____

i) neuf – trois = _____

e) cinq + zéro = _____

j) sept + deux = _____

Des étiquettes-mots

Découpe ces étiquettes-mots et range-les dans ton enveloppe d'étiquettes-mots. Exerce-toi souvent à épeler tous les mots de l'enveloppe.

0	zéro	5	cinq
1	un	6	six
2	deux	7	sept
3	trois	8	huit
4	quatre	9	neuf

Qui suis-je ?

Remplace les lettres suivantes par la lettre qui suit dans l'alphabet et découvre qui est assis à chaque pupitre.

J'ai des devoirs maintenant

À la maternelle, je n'avais pas de devoirs. Maintenant, je suis grand. Aide-moi à faire mon devoir.

Complète les phrases en écrivant le bon mot.

a) J'ai un _____ (chat, mitaine).

b) Je dessine une _____ (soulier, fleur).

c) Je mange une _____ (collation, robe).

d) J'ouvre un _____ (chapeau, livre).

e) J'aide ma _____ (papa, maman).

Jeu de mémoire

As-tu une bonne mémoire ?
Observe bien ces dix illustrations pendant quelques minutes.
Puis, à la page suivante, écris le nom de chacune.

Moi, j'ai 6 ans
et beaucoup
de mémoire.
Et toi?

Jeu de mémoire (suite)

Sans regarder à la page précédente,
écris les mots qui étaient illustrés sur cette page.

1. _____

2. _____

3. _____

4. _____

5. _____

6. _____

7. _____

8. _____

9. _____

10. _____

Mes découvertes

Quelle semaine !

Quelques mots de ce poème ont perdu une syllabe.
Ajoute les syllabes manquantes en te servant
de la liste suivante.

bon   co   mon

nas   te   pou   chi

Lundi, Hélène promène sa _____ enne.

Mardi, Sylvie mange du bro_____li.

Mercredi, Nadia achète un ana_____.

Jeudi, Si_____ perd son crayon.

Vendredi, Andrée habille sa _____pée.

Samedi, Agathe flatte sa chat_____.

Dimanche, Manon croque un _____bon.

Un ou une ?

Écris *un* ou *une* devant chaque nom.

_____ ananas	_____ poupée
_____ gâteau	_____ brocoli
_____ corde	_____ chienne
_____ bonbon	_____ journée
_____ chatte	_____ mois

33

Des étiquettes-mots

Découpe ces étiquettes-mots et range-les dans ton enveloppe d'étiquettes-mots. Exerce-toi souvent à épeler tous les mots de l'enveloppe.

un ananas

une poupée

un gâteau

un brocoli

une corde

une chienne

un bonbon

Dimanche
Lundi
Mardi
Mercredi
Jeudi
Vendredi
Samedi

une journée

une chatte

Janvier   Juillet
Février   Août
Mars   Septembre
Avril   Octobre
Mai   Novembre
Juin   Décembre

un mois

34

Venez à ma fête !

Gontran a créé une carte de fête amusante :
ses camarades doivent replacer les mots
dans l'ordre pour découvrir le message.
Place les mots de chaque phrase dans l'ordre
et découvre le message de Gontran.

amis !   les   Bonjour

_____

_____

fête   C'est   dimanche.   ma

_____

_____

manger   Venez   gâteau.   du

_____

_____

vous   attends.   Je

_____

_____

35

Des mots entrecroisés

Place les mots des images aux bons endroits dans la grille.

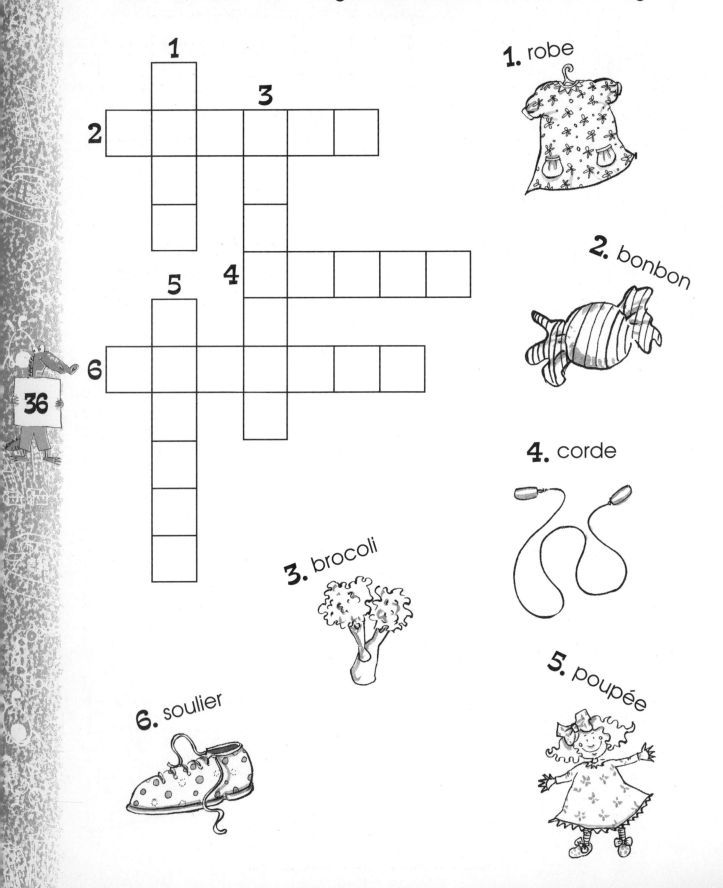

1. robe

2. bonbon

4. corde

3. brocoli

5. poupée

6. soulier

36

Je connais ce que je mange

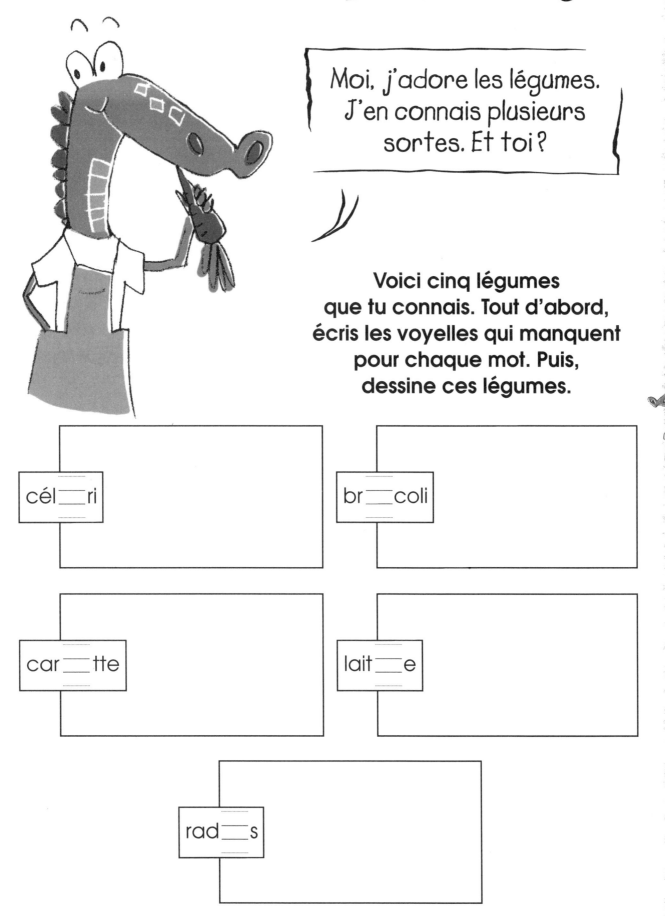

Moi, j'adore les légumes.
J'en connais plusieurs
sortes. Et toi?

Voici cinq légumes
que tu connais. Tout d'abord,
écris les voyelles qui manquent
pour chaque mot. Puis,
dessine ces légumes.

cél☐ri

br☐coli

car☐tte

lait☐e

rad☐s

Une amie qui vient d'ailleurs

J'apprends à Dwale
à utiliser les
déterminants
un et *une*.

Encercle le bon déterminant.

a) un, une fleur

b) un, une chienne

c) un, une bonbon

d) un, une semaine

e) un, une poupée

f) un, une chien

g) un, une chatte

h) un, une ananas

i) un, une amie

j) un, une corde

38

Des fruits et des légumes

Place les syllabes dans l'ordre
et découvre des fruits et des légumes.

ment	pi		o	ge	ran

ma	to	te		ri	ha	cot

ri	le	cé		boi	fram	se

pi	cham	gnon		ta	can	loup

na	ne	ba		rot	te	ca

39

Des étiquettes-mots

Colorie chaque cercle de la couleur indiquée.
Découpe ces étiquettes-mots et range-les
dans ton enveloppe d'étiquettes-mots. Exerce-toi
souvent à épeler tous les mots de l'enveloppe.

( ) jaune	( ) noir / noire
( ) vert / verte	( ) blanc / blanche
( ) rouge	( ) brun / brune
( ) rose	( ) bleu / bleue
( ) orange	( ) gris / grise

40

Les jours de la semaine

Que fais-tu pendant la semaine ? Dessine une activité différente pour chaque jour de la semaine.

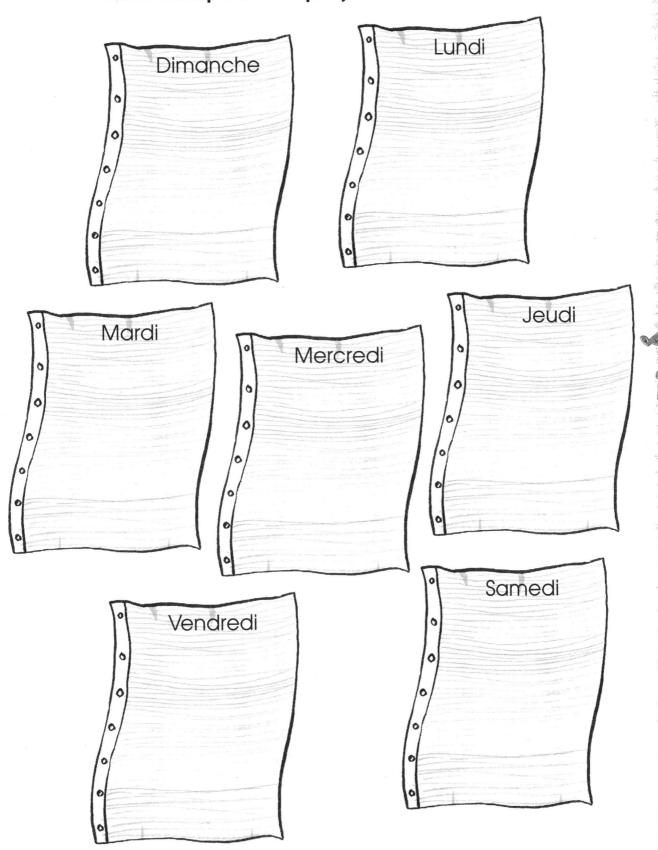

Dimanche

Lundi

Mardi

Mercredi

Jeudi

Vendredi

Samedi

Un véritable artiste !

Aide Gontran à peindre sa nouvelle toile.

Un monde coloré

Choisis le bon mot entre parenthèses et écris-le.

a) Un chat _____ (brun, brune)

b) Une mitaine _____ (vert, verte)

c) Un (petit, petite) _____ pupitre

d) Une robe _____ (noir, noire)

e) Une corde _____ (bleu, bleue)

f) Une (chien, chienne) _____ blanche

g) Une (bas, fleur) _____ orange

h) Un (chapeau, chatte) _____ rouge

i) Un (gâteau, robe) _____ rose

j) Un (bonbon, poupée) _____ jaune

Semblable mais pas pareil

1. Écris *p* ou *b* pour compléter les mots.

   a) _____upitre

   b) ro_____e

   c) _____rocoli

   d) _____run

   e) cha_____eau

2. Écris *eau* ou *o* pour compléter les mots.

   a) chap_____

   b) _____range

   c) r_____be

   d) gât_____

   e) r_____se

3. Écris *on* ou *an* pour compléter les mots.

   a) mam_____

   b) cray_____

   c) b_____b_____

   d) or_____ge

   e) bl_____che

44

Les parties de mon corps

Écris les mots suivants au bon endroit.

bouche   bras   genou

main

jambe   œil

nez

oreille   pied   tête

Les moustiques piquent

Choisis le bon mot pour compléter chaque phrase.

a) Je n'aime pas les | gros / grosses | moustiques.

b) L'abeille est un | petite / petit | insecte.

c) La mouche est | belle / beau | avec ses ailes.

d) L'araignée a des | longs / longues | pattes.

e) Gontran est | content / contente | de connaître ces insectes.

Qui suis-je ?

À l'aide de tes étiquettes-mots,
trouve les réponses à ces « Qui suis-je ? ».

1. J'ai cinq orteils.

Un p _ _ _ _

2. Je suis la couleur de
la fraise.

r _ _ _ _

3. Je suis la couleur
du citron.

j _ _ _ _

4. Je suis la partie du corps
qui te permet d'entendre.

Les o _ _ _ _ _ _ s

5. Je suis le contraire
de *grand*.

p _ _ _ _

6. Je suis un fruit et une
couleur.

o _ _ _ _ _

7. Je suis la partie du corps
qui te permet de sentir.

Le n _ _

8. J'ai cinq doigts.

Une m _ _ _

9. Je jappe.

Un c _ _ _ _

10. Je miaule.

Une c _ _ _ _ _

47

Des étiquettes-mots

Découpe ces étiquettes-mots et range-les dans ton enveloppe d'étiquettes-mots. Exerce-toi souvent à épeler tous les mots de l'enveloppe.

 un chaton

 un cheval

 un cochon

 un crocodile

 un lapin

 un mouton

 un serpent

 une poule

 une vache

 un oiseau

Les amis de Gontran

Colorie les quatre animaux dont le nom contient le son (ch) comme dans <u>ch</u>anson.

Une visite à l'aquarium

Relie chaque ligne à pêche au bon poisson
afin de former des mots.

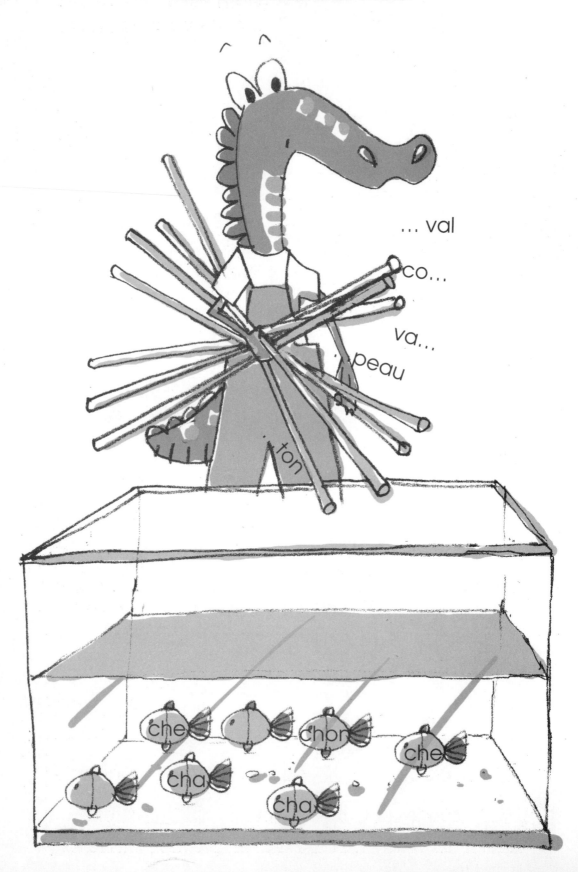

... val

co...

va...

... peau

ton

che

chon

che

cha

cha

La cigogne est passée

Écris chaque déterminant apporté par la cigogne devant les noms au bas de la page.

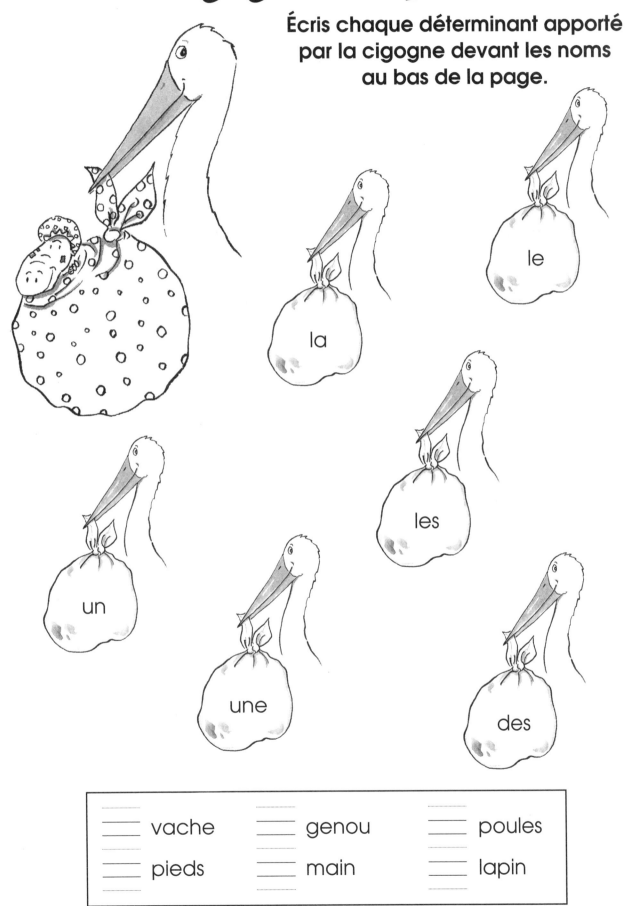

le

la

les

un

une

des

_____ vache _____ genou _____ poules

_____ pieds _____ main _____ lapin

Une promenade dans le bois

**Complète le texte
avec les noms
du bas de la page.**

Tout est calme autour de moi.

Il y a un gros _____ vert.

Je vois une petite _____ rouge.

J'aime me promener ici.

Il y a beaucoup de _____ , même dans mon _____.

Les _____ volent près de moi.

roches

sapin

oiseaux

fleur

soulier

Des mots cachés

Repère les mots suivants dans la grille.

amie   collation   nez   serpent
~~blanc~~   crocodile   papa   tête
bouche   genou   robe

s	e	r	p	e	n	t	n	e	z
r	o	b	e	b	o	u	c	h	e
c	r	o	c	o	d	i	l	e	t
~~b~~	~~l~~	~~a~~	~~n~~	~~c~~	p	a	p	a	ê
c	o	l	l	a	t	i	o	n	t
a	m	i	e	g	e	n	o	u	e

53

Mon hiver blanc

Des mots glacés

Colorie la dernière syllabe de chaque mot.

manteau	patins
lapins	serpent
cochon	foulard
flocons	chapeau
tuque	genou

55

Des étiquettes-mots

Découpe ces étiquettes-mots et range-les
dans ton enveloppe d'étiquettes-mots. Exerce-toi
souvent à épeler tous les mots de l'enveloppe.

	bottes		flocons
	patins		skis
	foulard		manteau
	toboggan		pente
	tuque		gants

Des boules de bonhomme

Aide-moi à empiler les boules qui forment chaque bonhomme de neige. Puis écris le mot ainsi formé sous chaque bonhomme.

Exemple : tempête

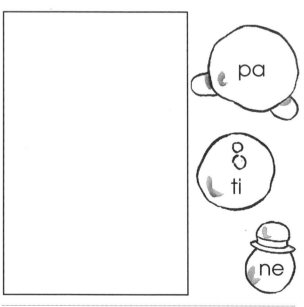

Des animaux en hiver

Regarde bien les images.
Choisis les mots **derrière, devant, sur, sous**
et place-les dans les phrases.

L'écureuil marche _____ l'arbre.

Le lapin court _____ la neige.

L'orignal passe _____ la cabane.

Le chien est assis _____ la table.

Suis-je caché sur, sous, devant ou derrière l'arbre ?

Réponse : Gontran est caché _____ l'arbre.

58

Je m'habille chaudement

Colorie chaque vêtement de Gontran de la couleur mentionnée.

- Mon foulard est bleu.
  - J'aime mes belles bottes noires.
    - Mes mitaines sont rouges.
      - J'ai un manteau à carreaux verts et blancs.
        - J'adore ma tuque de laine jaune.
          - Mon pantalon est orange.

Je m'habille très chaudement pour aller jouer dehors.

Une tempête de mots

Choisis un groupe de mots
dans chaque colonne
et construis trois phrases.

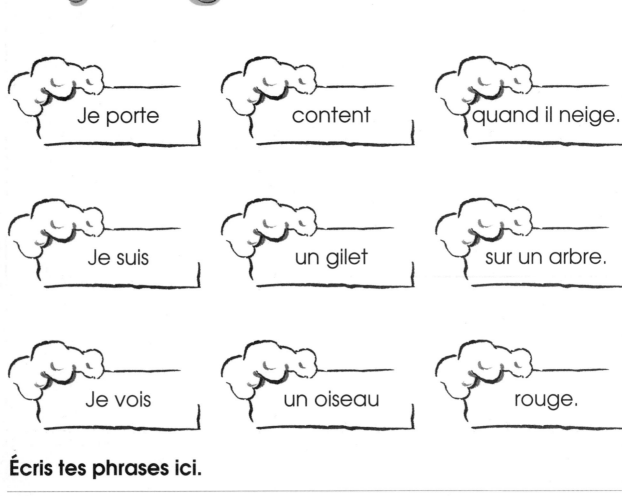

Je porte

content

quand il neige.

Je suis

un gilet

sur un arbre.

Je vois

un oiseau

rouge.

Écris tes phrases ici.

_____

_____

_____

_____

_____

_____

_____

_____

Des lettres muettes

Lis ces mots à voix haute.
Colorie les lettres que l'on n'entend pas.

Exemple : cha**t**

foulard	froid
serpent	nez
souris	skis
petit	amie
chaud	bas

Des étiquettes-mots

Découpe ces étiquettes-mots et range-les
dans ton enveloppe d'étiquettes-mots. Exerce-toi
souvent à épeler tous les mots del'enveloppe.

	courir		glisser
	des raquettes		il neige
	l'hiver		un château
	une balle de neige		une chemise
	une motoneige		un bonhomme de neige

62

Des phrases glacées

Coche ✔ la phrase qui décrit bien l'image.

❑ Julien fait un bonhomme de neige.
❑ Julien fait un château de neige.

❑ J'ai de beaux skis.
❑ J'ai un beau toboggan.

❑ Il a une tuque sur la tête.
❑ Il n'a pas de tuque sur la tête.

❑ Il y a des chandelles sur le gâteau.
❑ Il n'y a pas de chandelles sur le gâteau.

❑ Le chien est près du chat.
❑ Le chien est loin du chat.

❑ Elle est triste.
❑ Elle n'est pas triste.

63

Des sports glissants

Relie chaque illustration à la bonne phrase.
Attention ! c'est glissant…

1.

    a) Gontran glisse doucement en toboggan sur la neige.

2.

    b) Gontran se promène en motoneige.

3.

    c) Gontran aime glisser avec une chambre à air.

4.

    d) Gontran adore patiner sur la glace.

5.

    e) Gontran s'amuse beaucoup en faisant du ski.

Vrai ou faux ?

**Lis la phrase qui accompagne l'illustration
et encercle *vrai* ou *faux*.**

a) Gontran se promène
   en toboggan.

vrai

faux

b) Gontran a froid et
   il grelotte.

vrai

faux

c) Gontran pêche sur
   la glace.

vrai

faux

d) Gontran lance une balle
   de neige sur un arbre.

vrai

faux

Une glissade en skis

Fais glisser le son vers l'étiquette-mot qui contient ce son.

(on) (ou) (in) (an) (o)

| une m**ain** | un châteeau | des floc**ons** | un f**ou**lard | des **enfan**ts |

66

Un spectacle de patinage

Choisis la couleur des vêtements que Gontran portera pour son spectacle de patinage.

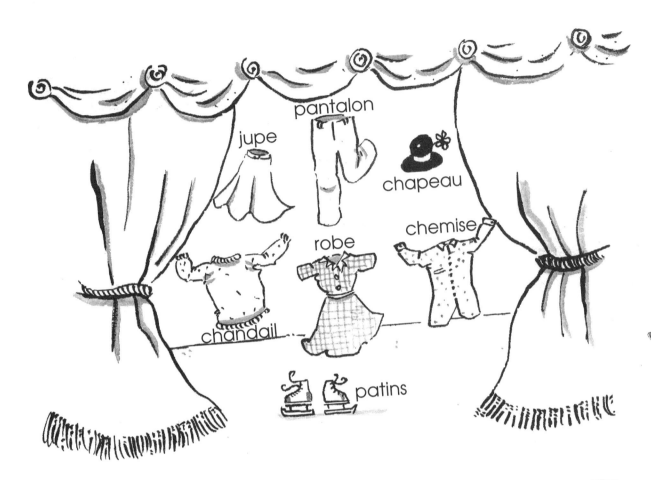

jupe

pantalon

chapeau

chemise

robe

chandail

patins

noir

vert

Pour son spectacle de patinage, Gontran portera :

un chapeau vert.

rouge

blanc

jaune

bleu

et

Une course de chiens

Pierre participe à une course de chiens. Remets les phrases dans le bon ordre en les numérotant de 1 à 4.

☐ Pierre se prépare pour la course.

☐ Pierre gagne la course.

☐ Pierre s'habille chaudement.

☐ Les chiens courent très vite.

68

Des accents variés

Indique le nom de chaque accent
en cochant ✔ le bon triangle.

château	**grand-mère**
❏ aigu ❏ circonflexe ❏ grave	❏ aigu ❏ circonflexe ❏ grave
été	**fête**
❏ aigu ❏ circonflexe ❏ grave	❏ aigu ❏ circonflexe ❏ grave
flèche	**grand-père**
❏ aigu ❏ circonflexe ❏ grave	❏ aigu ❏ circonflexe ❏ grave
gâteau	**rêve**
❏ aigu ❏ circonflexe ❏ grave	❏ aigu ❏ circonflexe ❏ grave
poupée	**tête**
❏ aigu ❏ circonflexe ❏ grave	❏ aigu ❏ circonflexe ❏ grave

Des étiquettes-mots

 une fête

 une souris

 écrire

 manger

 télévision

 flèche

 reine

 jouer

 froid/froide

 chaud/chaude

Il neige des lettres

**Écris la lettre qui convient
pour chaque mot.**

> Peux-tu m'aider
> à rebâtir mon
> château de glace ?

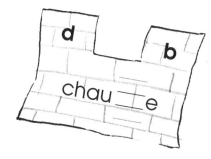

b   d

bon ⎯ on

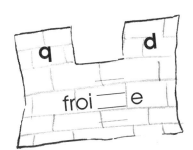

q   d

froi ⎯ e

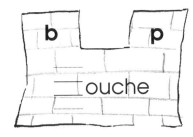

b   p

⎯ ouche

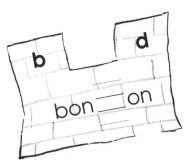

d   b

chau ⎯ e

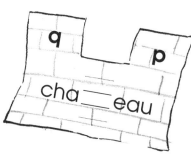

q   p

cha ⎯ eau

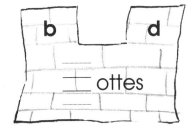

b   d

⎯ ottes

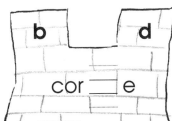

b   d

cor ⎯ e

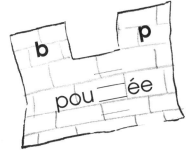

b   p

pou ⎯ ée

Un horaire très chargé

Ouf ! j'ai une grosse journée aujourd'hui.

**Complète les phrases avec le bon verbe :
dîner, patiner, couper, chanter, partir, manger.**

À 8 h, c'est l'heure de _____ la chanson du défilé.

À 9 h, c'est l'heure d'aller _____ avec les amis.

À 10 h, c'est l'heure de _____ ma collation.

À 10 h 15, c'est l'heure de _____ de la glace pour faire un château.

À 12 h, c'est l'heure de _____ .

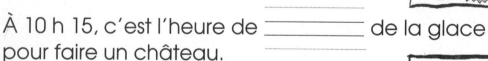

À 13 h, c'est l'heure de _____ pour rentrer chez moi.

On construit un fort

Savais-tu qu'une phrase commence par une lettre majuscule et se termine par un point ?

Combien y a-t-il de phrases dans ce texte ?
Pour le savoir, encercle les lettres majuscules et les points.

Mes amis s'amusent dehors.

Ils construisent un bien grand fort.

Ils portent des jolies mitaines.

Un, deux, trois, ils forment les blocs.

Quatre, cinq, six, ils placent les blocs.

Sept, huit, neuf, leurs pieds sont gelés.

Neuf, huit, sept, ils partent se réchauffer.

Six, cinq, quatre, il vente moins fort.

Trois, deux, un, ils retournent dehors.

Prêts pas prêts, ils terminent le fort.

Le cheval de Gontran

Colorie le cheval de Gontran
avec les bonnes couleurs.

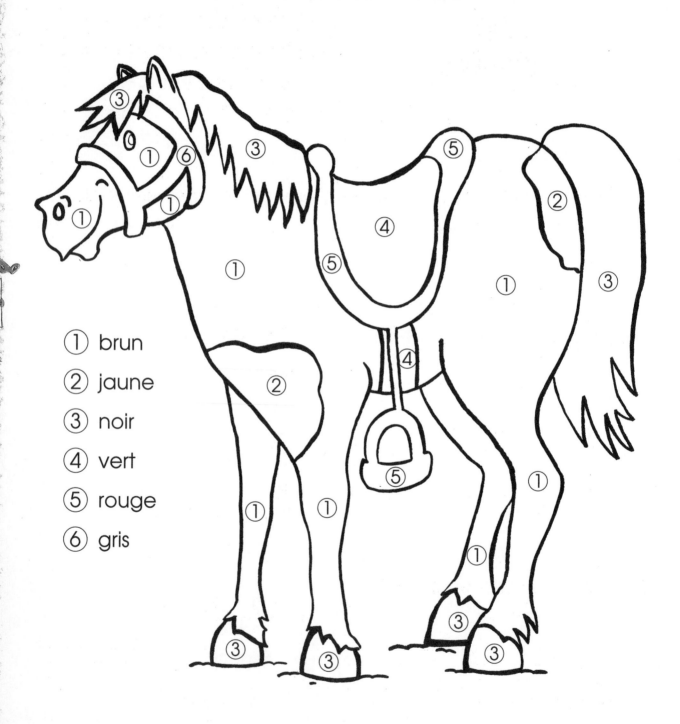

1 brun

2 jaune

3 noir

4 vert

5 rouge

6 gris

74

La fête continue...

Savais-tu que pour écrire la plupart des noms et des adjectifs au féminin, on doit leur ajouter un « s » ?

1. Colorie les bonshommes de neige qui accompagnent un mot au pluriel.

 flèches

 chemise

 froid

 oreilles

 fêtes

 froids

 flèche

 oreille

 fête

 chemises

2. Écris ces mots au pluriel.

a) une raquette

des _____

b) le flocon

les _____

c) la main

les _____

d) un soulier

des _____

En route pour le carnaval

Avec qui aimerais-tu t'envoler
en montgolfière ?
Écris le prénom de sept personnes avec
qui tu voudrais voyager. N'oublie pas
d'écrire la première lettre en majuscule.

Ensemble pour toujours?

Des fleurs qui parlent

Chaque fleur cache trois mots. Pour les trouver, lis la syllabe sur le bouton de la fleur puis la syllabe d'un pétale. Si ces deux syllabes forment un mot, colorie le pétale.

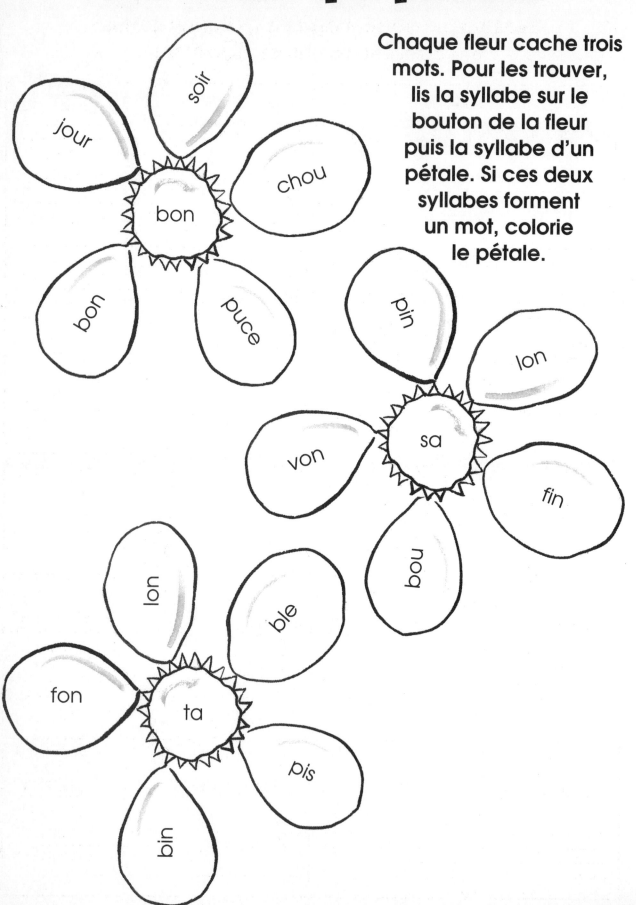

Mon personnage préféré

Pense à ton personnage de télévision préféré
et complète les phrases suivantes.

Son nom est _____
_____
_____ .

Il habite _____
_____
_____ .

Sa plus grande qualité est _____
_____
_____ .

Ses amis sont _____
_____
_____ .

Son plus grand défaut est _____
_____
_____ .

Ses ennemis sont _____
_____
_____ .

Il aime _____
_____
_____ .

Il porte _____
_____
_____ .

Il n'aime pas _____
_____
_____ .

Il dit souvent « _____
_____
_____ » .

Des étiquettes-mots

 un magasin

 un bateau

 des ciseaux

 un lit

 un salon

 un tapis

 une soupe

 un singe

 un copain

 beau

Un professeur en or

Complète la belle lettre que Gontran
a composée pour son enseignant.

_____ enseignant,

Je t'écris un _____ mot pour te

dire combien je t' _____. Tu es très

_____ pour moi. Je suis _____

d'être dans ta _____.

De ton élève,

Gontran

aime

Cher

content

petit

classe

important

Vive l'amitié

Lis les phrases suivantes. Racontent-elles des gestes d'amitié ? Coche *oui* ou *non*.

	Oui	Non

1. Je partage ma collation avec toi.

2. Je te donne un coup de pied.

3. Je te console.

4. Je répète ton secret.

5. Je te crie des noms.

6. Je t'invite chez moi.

7. Je ne te prête pas mon jeu vidéo.

8. Je t'aide à lire.

82

Surprise !

Lis les mots suivants.
Quand la lettre « s » se prononce (s) comme dans *soulier*,
écris le mot dans le soulier.
Quand la lettre « s » se prononce (z) comme dans *chemi<u>s</u>e*,
écris le mot dans la chemise.

- maga**s**in
- **s**irop
- **s**oupe
- oi**s**eau
- **s**apin
- **s**inge
- ro**s**e
- rai**s**in
- ci**s**eaux
- **s**erpent

J'aime bien magasiner avec mes parents !

Une dictée difficile...

Gontran n'a pas bien réussi sa dictée.
Corrige les erreurs soulignées en écrivant
correctement le mot au-dessus.

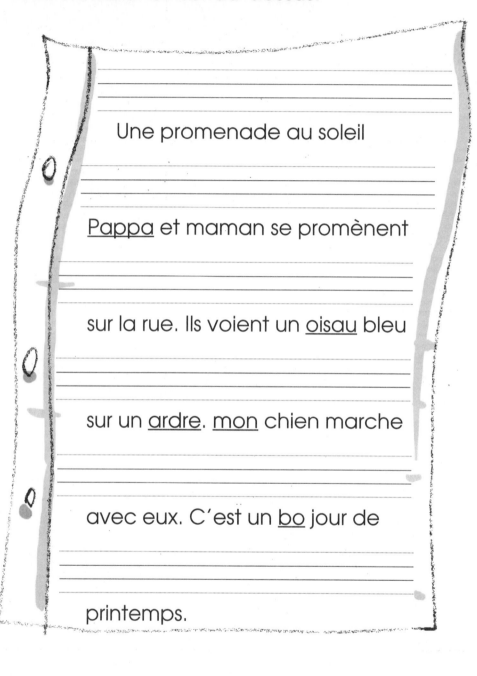

Une promenade au soleil

Pappa et maman se promènent

sur la rue. Ils voient un oisau bleu

sur un ardre. mon chien marche

avec eux. C'est un bo jour de

printemps.

Des lettres mélangées

Place ces lettres dans l'ordre pour découvrir des mots.

i m a e	e ê f t
a b u e	a a p p
l e u b	t u i h
e c a g	r o é z
x u d e	s i g r

Des étiquettes-mots

arbre

rue

cage

bouton

sourire

gomme

banane

fille

garçon

rideau

Lulu est blessée

Relie chaque phrase à la bonne image.

1. Lulu s'en va à l'école.

2. Elle tombe sur le trottoir.

3. Elle a mal à la main.

4. Gontran arrive et la console.

5. Lulu retrouve son sourire.

Jouons à la cachette

Trouve ces mots suivants qui sont cachés dans la grille.

chaud	cochon	dix	salon	un
chemise	cordes	flèche	sept	
cinq	deux	jouer	six	

c	h	e	m	i	s	e	f	c	c
~~d~~	~~e~~	~~u~~	~~x~~	s	i	x	l	o	o
c	s	c	h	a	u	d	e	r	c
i	e	s	a	l	o	n	c	d	h
n	p	j	o	u	e	r	h	e	o
q	t	u	n	d	i	x	e	s	n

88

J'ai manqué l'autobus

Colorie chaque autobus qui représente un bon comportement que tu dois avoir à l'école.

Je mâche de la gomme à l'école.

Je ne cours pas dans la classe.

Je n'écris pas sur mon pupitre.

Je parle fort à la bibliothèque.

Je mange du chocolat à la récréation.

Je lève la main pour parler.

Quelle est ma collation ?

Lis chaque devinette.
Choisis la bonne réponse et dessine-la.

1. Je suis jaune.
Les singes m'adorent.
Je suis longue.
Qui suis-je ?

Choisis-moi !

carotte
céleri
ananas
banane

Dessine-moi.

2. Je peux être blanc ou jaune.
Parfois, j'ai des trous.
Je suis fait avec du lait.
Les souris m'adorent.
Qui suis-je ?

Choisis-moi !

pain
fromage
citron
crème glacée

Dessine-moi.

3. Je suis rouge.
J'ai des pépins.
On peut me manger en sandwich.
On me met toujours dans la sauce
à spaghetti.
Qui suis-je ?

Choisis-moi !

pomme
concombre
piment
tomate

Dessine-moi.

Oh ! Que c'est beau !

Colorie les lettres qui forment le son (o) dans les mots suivants.

Exemple : pian**o**, p**au**vre, cad**eau**

rideau	chapeau
chaude	bocal
zéro	orange
beau	Paulette
eau	aussi

Des étiquettes-mots

marmotte

nuage

tulipe

branche

bonjour

parapluie

montagne

fourmi

été

école

Je sors ma bicyclette

Aide-moi à nommer
les parties de ma bicyclette.

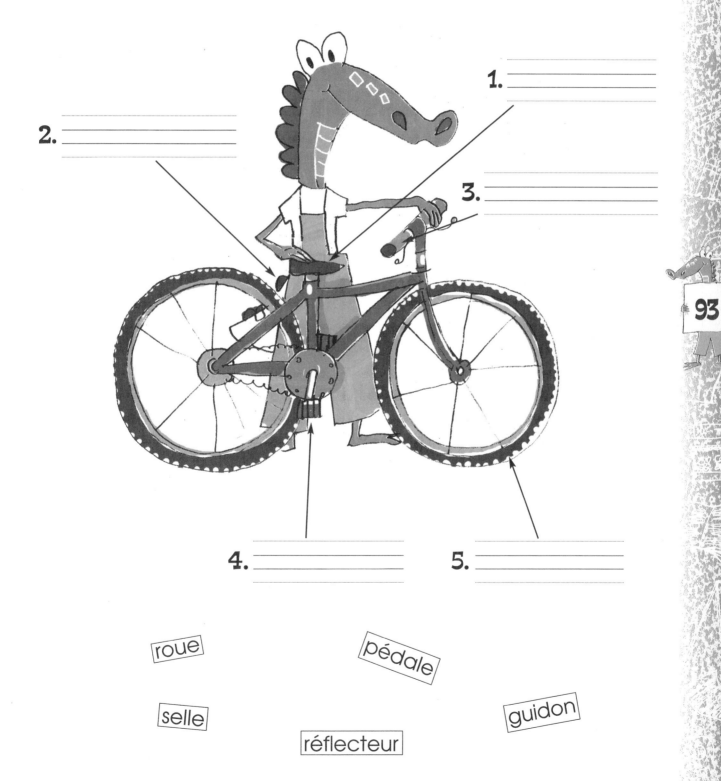

2. _____

1. _____

3. _____

4. _____   5. _____

roue

pédale

selle

réflecteur

guidon

Mon parapluie dégoutte !

Il pleut des lettres !
Replace chaque goutte d'eau dans les mots.

Les arbres ont changé

Relie les mots de la première, de la deuxième et de la troisième colonne afin de former des groupes du nom.

Attention : les trois mots doivent être du même genre (féminin ou masculin) et du même nombre (singulier ou pluriel).

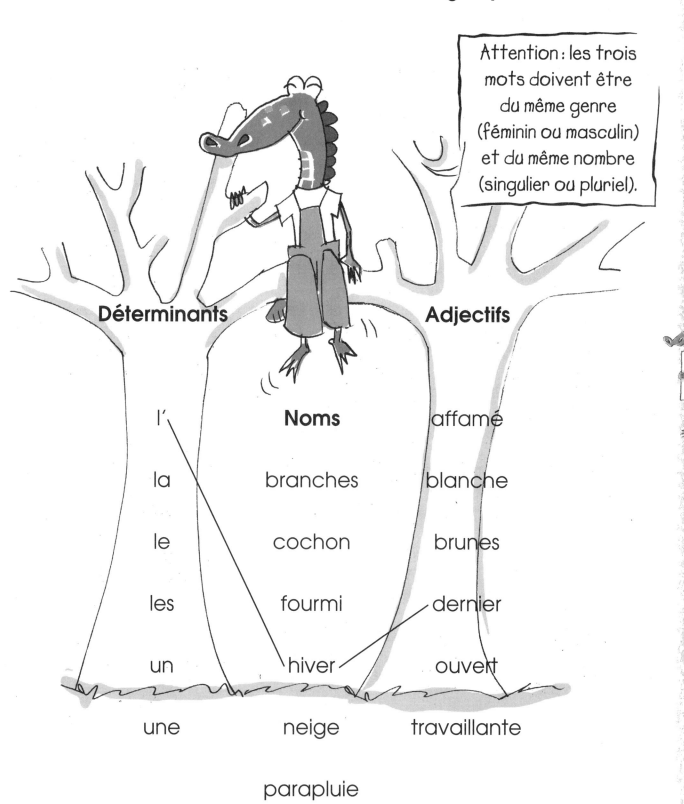

Déterminants

Adjectifs

l'

Noms

affamé

la

branches

blanche

le

cochon

brunes

les

fourmi

dernier

un

hiver

ouvert

une

neige

travaillante

parapluie

Mes bottes de pluie rouges

Encercle le son (ou) dans les mots de ce poème.

J'aime mes belles bottes
rouges.
Elles sont longues et
elles bougent.

Comme un fou,
je saute dans l'eau.
Coucou ! Je suis mouillé
jusqu'aux os !

Sous mes pieds doux,
il y a de la boue.
Oups ! Je tombe sur
mes genoux.

Tout à coup, j'aperçois un pigeon
dans la rue.
Il roucoule et fige comme une statue.

Youpi ! J'aime la vie, un point
c'est tout.

96

Vive le printemps!

Fais un ✗ sur les fleurs qui ne parlent pas du printemps.

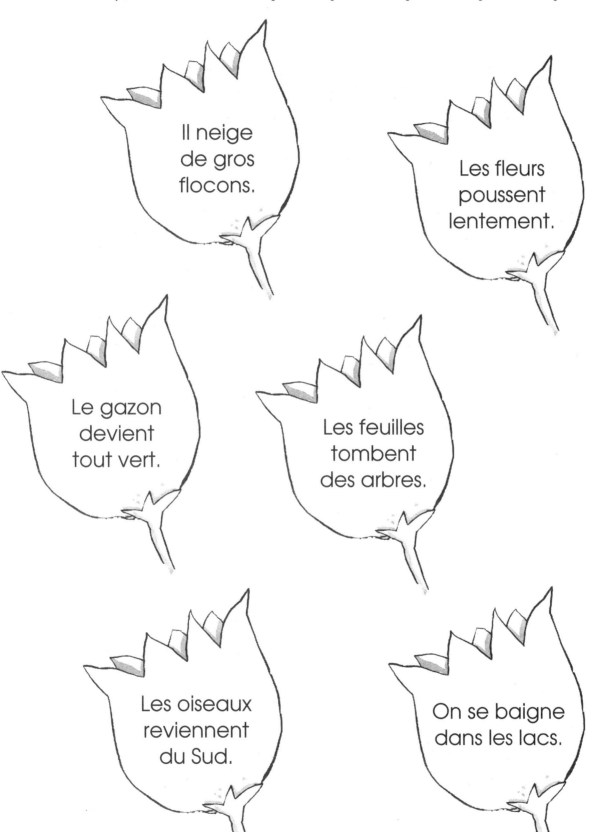

Il neige de gros flocons.

Les fleurs poussent lentement.

Le gazon devient tout vert.

Les feuilles tombent des arbres.

Les oiseaux reviennent du Sud.

On se baigne dans les lacs.

Ma fin d'année

Quel est ce bruit ?

Lis les mots et coche celui qui imite le bruit indiqué.

Vroum !	**Ouaf ! Ouaf !**
❏ une voiture	❏ un chien
❏ un chat	❏ un cheval
Pin pon ! Pin pon !	**Bêêêêê !**
❏ une horloge	❏ une tondeuse
❏ une sirène de pompier	❏ un mouton
Zzzzzzz…	**Cocorico !**
❏ une abeille	❏ un coq
❏ un marteau	❏ un bœuf
Tic ! Tac !	**Drrrrrrring !**
❏ un robinet	❏ un téléphone
❏ une horloge	❏ un marteau
Paf !	**Atchoum !**
❏ un chien	❏ un éternuement
❏ un coup de fusil	❏ une voiture

Des étiquettes-mots

 des yeux

 un repos

 un rang

 un panier

 une chenille

 un pantalon

 une abeille

 une casquette

 une araignée

le cou

  100

Le début et la fin...

Souviens-toi : une phrase commence par une lettre majuscule et se termine par un point.

Les phrases suivantes sont-elles bien écrites ? Indique ta réponse par un ✗ dans la bonne colonne.

Exemple : Gontran aime bien l'été.

1. Il fait chaud au mois de juin.

2. C'est ma dernière dictée.

3. Mon ami a de nouveaux souliers

4. Ma mère est venue à l'école aujourd'hui.

5. Sarah mange du bon fromage

6. les yeux de Luc sont verts.

	Oui	Non
	✗	
1.		
2.		
3.		
4.		
5.		
6.		

Des syllabes

1. Compte les syllabes dans les mots suivants.

Exemple : che / val ___2___

a) gar / çon _____

c) va / can / ces _____

b) cam / pa / gne _____

d) haut _____

2. Utilise des traits obliques / pour séparer les syllabes des mots.

a) r o u g e

f) s i n g e

b) m o n t a g n e

g) s a l o n

c) m o u t o n

h) f o u l a r d

d) b a t e a u

i) f l o c o n

e) m o t o n e i g e

j) c h â t e a u

102

Un pique-nique

Écris les mots sous le bon panier
selon la prononciation de la lettre soulignée.

cahier

chenille

ci**s**eaux

gar**ç**on

inse**c**te

mou**ch**e

mou**s**tique

pu**c**e

ro**s**e

télévi**s**ion

(s)
sel, leçon

(k)
coq, cave

(z)
maison, zoo

(ch)
chat, vache

Ouf ! j'ai chaud !

Ouf ! il fait si chaud que certaines lettres de mon texte ont fondu.

**Aide-moi à écrire
les voyelles manquantes.**

Le so___leil est haut dans le ciel.

Une cha___de journée s'annonce.

Le v___nt ne souffle pas.

De gros nu___ges blancs se promènent.

Le gaz___n, les fleurs et les arbres ont besoin d'eau.

Depuis une semaine, il n'y a pas eu de plu___e.

je porte mes lunettes de soleil, ma c___squette

et ma pet___te salopette co___rte.

J'a___me l'été.

Une invitée spéciale

Mimi la souris est très coquette. Lis les phrases et ajoute les éléments décrits à l'illustration de Mimi.

- Mimi tient une balle bleue dans sa main.

- Elle a une belle casquette rouge.

- Sur sa casquette, la première lettre de son prénom est écrite en vert.

- Ses pantalons sont rayés blanc et bleu.

Des sports pas ordinaires

Lis chaque phrase et fais un **X** sur le mot
qui ne correspond pas à l'image.

1. Philippe a mis son château sur sa tête.

2. Carolina saute à la
corde à penser.

3. Youri se promène sur la grue.

4. Valérie aime bien
manger des bonnets.

5. Sacha se brosse les vents.

Et après?

Encercle le mot qui complète bien
les groupes de mots suivants.

automne, hiver, été, ... chaud, froid, (printemps)	**crayon, maison, bonbon, ...** blanc, glaçons, requin
bleu, blanc, rouge, ... vert, fraise, crayon	**main, bras, doigt, ...** pied, bague, bracelet
chandail, chemise, bas,... botte, porte, grotte	**poupée, sauter, dé,...** chanter, jouet, enfant
chat, chien, rat,... chapeau, bas, vache	**poule, moule, boule,...** lune, étoile, roule
deux, huit, trois,... cette, sept, sel	**gamin, demain, loin,...** avoine, pivoine, patins

Des étiquettes-mots

 une rivière

 un lac

 un cornet

 un bâton

 une bicyclette

 une bottine

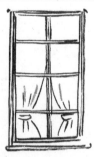 une fenêtre

 un pneu

 une voiture

 un avion

Un jeu fou

Lis cette histoire et réponds aux questions en coloriant le bon dessin.

Jade invite Christian à jouer à la balle. Ils s'amusent beaucoup avec ce cadeau que Christian a reçu de sa tante. Tout à coup, Jade lance la balle verte et blanche de toutes ses forces. La balle brise la fenêtre de la maison voisine.

Christian et Jade auront une bonne explication à donner à leurs parents.

1. Que font Jade et Christian ?

2. Qui a donné ce cadeau à Christian ?

3. Où est tombée la balle ?

4. Combien y a-t-il de couleurs sur la balle ?

Des gens d'action

Que fait chacune de ces personnes ?
Encercle la lettre qui correspond au bon verbe.

1.

    a) il mange
    b) il lit
    c) il dort

2.

    a) elle cuisine
    b) elle raconte
    c) elle court

3.

    a) ils chantent
    b) ils chassent
    c) ils volent

4.

    a) il pense
    b) il lance
    c) il pleure

5.

    a) il saute
    b) il gonfle
    c) il roule

J'aime les médailles

Classe ces mots dans les bonnes médailles.

dauphin   girafe   mot
éléphant   image   jus
fille   Maude   rideau

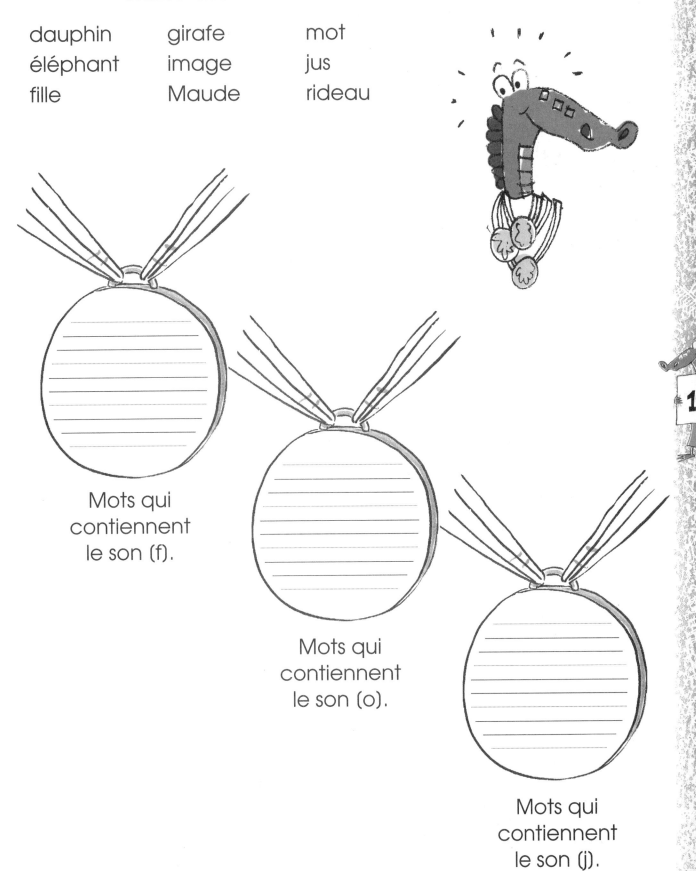

Mots qui contiennent le son (f).

Mots qui contiennent le son (o).

Mots qui contiennent le son (j).

Un petit effort

À l'aide du code secret,
découvre le mot caché.

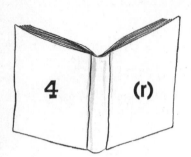
4 (r)

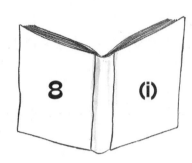
8 (i)

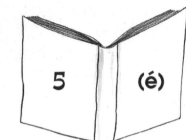
5 (é)

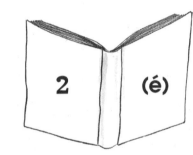
2 (é)

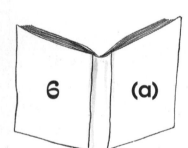
6 (a)

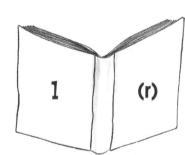
1 (r)

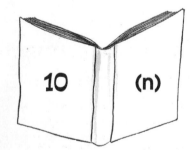
10 (n)

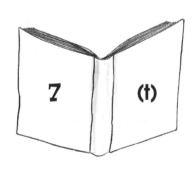
7 (t)

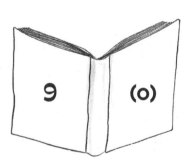
9 (o)

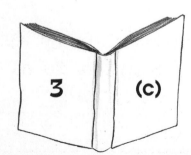
3 (c)

Le mot caché est :

___ ___ ___ ___ ___ ___ ___ ___ ___ ___
1   2   3   4   5   6   7   8   9   10

Des virelangues

Lis les phrases suivantes à haute voix et tu comprendras
pourquoi on les appelle des virelangues.

Dix filles filent, six billes brillent.	Bruno cuit des pruneaux crus.
Fruit cuit, fruit cru, fruit frais.	Trois tortues trottent sur trois toits très étroits.
Pas de riz ni de rats, rats tapis, riz parti.	Le coq de Croque-mots croque l'œuf à la coque.
Paula la poule pèle la belle poire de papa.	Un chasseur sachant chasser sans son chien.
Son chat chasse ces six souris sous ces sept chevaux.	Catherine croit que Kiki cache quatre cartes en carton.

Des étiquettes-mots

 une noix

 un sourcil

une croix

 des fruits

 du riz

 une lettre

 des légumes

 la récréation

 des élèves

 une tortue

Le grand ménage

Gontran te raconte sa dernière journée d'école. Numérote les phrases dans l'ordre logique.

1. Gontran commence par le ménage de son pupitre. ◯

2. En premier, il place tout le contenu de son pupitre dans son sac d'école. ◯

3. Aujourd'hui, les élèves doivent faire un grand ménage de la classe. ◯

4. Finalement, il s'assoit et lit la lettre qu'il a retrouvée entre deux cahiers. ◯

5. Puis, il prend un linge et lave l'intérieur de son pupitre. ◯

J'aime ton genre

Écris les groupes du nom
dans la bonne colonne selon leur genre.

le fruit mûr

les sourcils bruns

une classe amusante

des amis heureux

la lettre perdue

une élève triste

Féminin	Masculin

Les contraires s'attirent

Lis le début de cette histoire.
Observe bien les images et imagine la suite de l'histoire.

Une promenade avec mon chien

Gontran se
promène avec
son chien.

Puces voit
un gros chat
noir.

Il veut jouer
avec le
chat.

À toi maintenant ! Continue l'histoire.

Ah! Ah! Ah!

Combien de fois retrouves-tu la lettre « a » ?

Réponse : _____ fois

Un été, en toute sécurité

Ma bicyclette rouge

Dans ce texte, trouve cinq couleurs et cinq moyens de transport.

Hier, j'ai reçu un beau cadeau : une belle bicyclette rouge. Autour du cadre, il y a un ruban bleu et vert. Ma bicyclette est de la même couleur que la voiture de mon papa. Depuis que j'ai eu ce magnifique cadeau, j'ai rangé mes patins noirs à roues alignées. J'ai même décidé de ne plus me rendre à l'école en autobus jaune. C'est formidable d'avoir une bicyclette. Maman peut l'accrocher sur le support à vélo de sa camionnette.

Couleurs	Moyens de transport
1.	1.
2.	2.
3.	3.
4.	4.
5.	5.

Vrai ou faux?

Lis chaque énoncé attentivement.
Indique si c'est *vrai* ou *faux*.

a) Il y a trois syllabes dans le mot *baignade*.

❏ vrai   ❏ faux

b) Il y a trois voyelles dans le mot *piscine*.

❏ vrai   ❏ faux

c) On entend le son (f) dans *phoque*.

❏ vrai   ❏ faux

d) On entend le son (s) dans *oiseau*.

❏ vrai   ❏ faux

e) On ne prononce pas la dernière lettre du mot *froid*.

❏ vrai   ❏ faux

f) *Chat, chien* et *poil* sont des noms d'animaux.

❏ vrai   ❏ faux

g) Ce groupe du nom est au pluriel : *des mitaines bleues.*

❏ vrai   ❏ faux

h) On entend le son (z) dans *maison.*

❏ vrai   ❏ faux

i) Le pluriel de *un œil* est *des œils.*

❏ vrai   ❏ faux

j) Ces trois mots riment : *tapis, souris, skis.*

❏ vrai   ❏ faux

Des étiquettes-mots

 un casque

 une fontaine

 un arbuste

 une piscine

 des lunettes

 une baignade

 du sable

 le soleil

 la pluie

 un orage

Une visite au parc

Place les mots écrits sur les balançoires
dans l'ordre alphabétique.
Observe bien la première lettre de chaque mot.

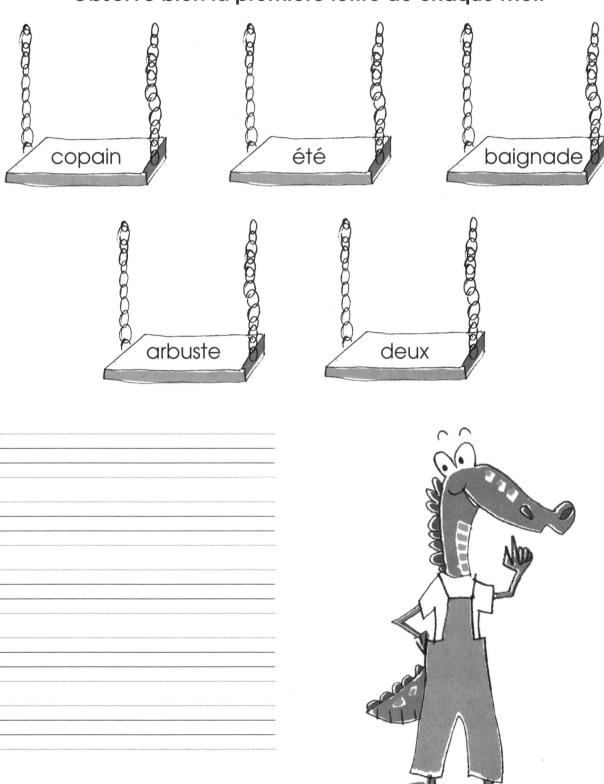

copain

été

baignade

arbuste

deux

Une crevaison

Replace l'histoire dans l'ordre en numérotant les images de 1 à 6.

Gontran répare la crevaison.

Gontran sort sa bicyclette
du garage.

La bicyclette de Gontran
a une crevaison.

Gontran va chercher
sa pompe de bicyclette.

Gontran se promène
à bicyclette.

Gontran roule sur un clou.

Des images estivales

Encercle le groupe du nom qui décrit bien chaque image.

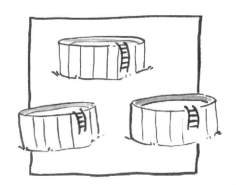

quatre piscines

deux piscines

trois piscines

une piscine

deux chapeaux

le chapeau

cinq chapeaux

trois chapeaux

cinq amis

deux amis

un ami

quatre amis

trois chambres à air

cinq chambres à air

une chambre à air

quatre chambres à air

trois paires de lunettes

une paire de lunettes

six paires de lunettes

deux paires de lunettes

le bateau

trois bateaux

six bateaux

deux bateaux

Une course en bateau

**Lis le compte rendu de la course en bateau
et réponds à la question.**

- Le bateau n° 3 est arrivé en troisième position.

- Le bateau n° 1 est arrivé après le n° 2.

- Le bateau n° 4 est arrivé le dernier.

Quel bateau a gagné la course ?

Le bateau n° ＿＿ est gagnant.

Méli-mélo de lettres

Place les lettres dans l'ordre et découvre 10 parties du corps.

1. g e l n o

2. s a b r

3. z n e

4. d i p e

5. m i n a

6. i o t l r e

7. n g e u o

8. x y u e

9. s o d

10. d o u c e

Des étiquettes-mots

 un berceau

 un tunnel

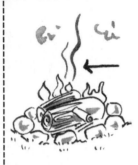 de la fumée

 une valise

 un trèfle

 une boucle

 une pantoufle

 un ongle

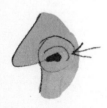 les narines

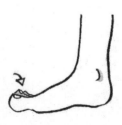 des orteils

Des mots qui riment

Colorie les mots qui riment de la même couleur.
Tu auras cinq séries de trois mots.

agile   bille   tapis

corps   soleil   pile

oreille   chenille   orteil

ville   porc   riz

fille   nid   dehors

Une carte postale juste pour toi

Complète le texte de la carte postale. Pour chaque mot manquant, tu dois choisir un des deux mots proposés.

Cher Gontran,

Ici, c'est ¹ _____ !

Le paysage est superbe.

Il fait toujours très ² _____ .

Le soleil est là tous les ³ _____ .

J'ai rencontré des ⁴ _____ .

Ils sont très gentils.

J'aime beaucoup les

5 _____ .

Au revoir !

Gontran

Ville de

Croquemopolis

¹ très beau
très laid

² chaud
froid

⁵ vacances
violons

³ jours
soirs

⁴ copains
lapins

J'aime voyager

Remplis cette grille de mots croisés en complétant les phrases. Choisis tes réponses parmi les mots suivants.

- sable
- sports
- lunettes
- vacances
- tentes
- valises
- ballon
- plage

Horizontal

1. Les _____ sont arrivées !

2. Nous en profitons pour faire des _____ d'été.

3. On s'amuse avec notre _____ de plage.

4. Les _____ servent de petites maisons d'été.

Vertical

A. Il apporte ses grandes _____ bleues en voyage.

B. Il y a du sable blanc sur la _____.

C. Nadine a fait un beau château de _____.

D. Mes _____ de soleil sont belles.

Une destination spéciale

Dans chaque fleur et chaque feuille, écris le numéro de la phrase dans laquelle se trouve le mot écrit.

1. Bryan visitera la Gaspésie cet été.

2. Anne ira à Amos voir sa grand-maman en juin.

3. Kim mangera des crevettes à Matane samedi.

4. Jim ira à Québec en juillet.

5. Fanny donnera un spectacle à Montréal dimanche.

Le camping rêvé !

Aide Gontran à placer les mots
sur le côté de chaque tente.
Attention aux syllabes qui sont sur la porte.

fle

cle

gle

ble

oncle

table

boucle

trèfle

pantoufle

siffle

ongle

aigle

meuble

règle

miracle

aimable

Une drôle de pêche

Ces poissons cachent des mots.
Résous les énigmes et écris
le mot qui est caché.

Exemple : 12 + aine = douzaine

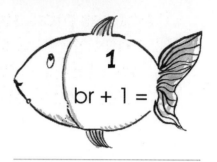

1

br + 1 =

_____

_____

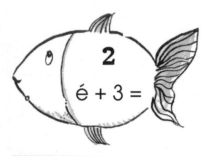

2

é + 3 =

_____

_____

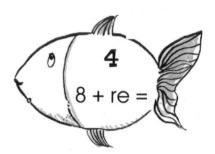

4

8 + re =

_____

_____

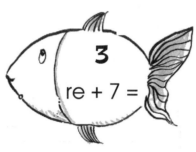

3

re + 7 =

_____

_____

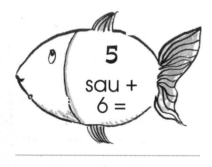

5

sau +
6 =

_____

_____

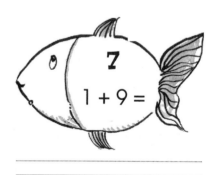

6

10 +
tance =

_____

_____

7

1 + 9 =

_____

_____

Les mots cachés

brun	distance	étroit	huître
recette	saucisse	ûn œuf	

J'adore la crème glacée

Place les mots sous les cornets.
Fais attention aux déterminants.
Tu dois écrire chaque mot sous
deux différents cornets.

Mots à placer

- parasol
- piscine
- clôtures
- cirque
- manèges
- roulotte

Un feu d'artifice magique

Place les mots dans l'ordre alphabétique.

a _____ d _____ g _____

b _____ e _____

c _____ f _____

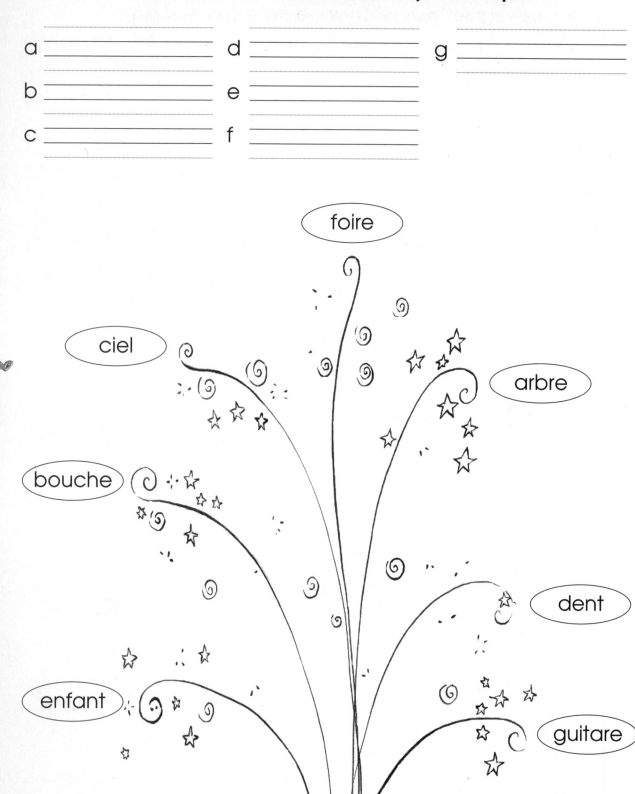

foire

ciel

arbre

bouche

dent

enfant

guitare

Un festival en musique

Trouve deux mots qui commencent
par les lettres de chaque note de musique.

DO

Exemple :

dormir

RÉ

MI

FA

SOL

LA

SI

DO

Une recherche

Je fais une recherche sur les crocodiles.

**Parmi les phrases suivantes, coche celles
qui donnent des informations utiles sur les crocodiles.**

a) Il existe 14 espèces de crocodiles. ❏

b) Le garçon s'approche lentement
du crocodile. ❏

c) Les crocodiles peuvent vivre jusqu'à
100 ans. ❏

d) Les crocodiles vivent en groupe. ❏

e) Maman aime l'émission « Chasseur
de crocodiles ». ❏

f) Quand ils ont chaud, les crocodiles
se cachent dans un trou d'eau. ❏

g) Quand ils sont petits, les crocodiles
mangent des insectes. ❏

Un plongeon spectaculaire

**Quatre amis décident d'aller voir
un spectacle de plongeon. Lis les indices
et trouve le nom des quatre amis.**

1. Je suis petit. J'ai les cheveux bouclés et courts. Je souris toujours. J'ai une chemise avec des manches courtes.

Qui suis-je ? _____

2. Je suis grand. J'ai les cheveux longs et droits. Je porte un bermuda à pois et une chemise à manches longues.

Qui suis-je ? _____

3. J'ai les cheveux bouclés. Je porte un pantalon rayé. J'ai une jolie cravate.

Qui suis-je ? _____

4. Je n'ai pas les cheveux longs. Je n'ai pas de bermuda. Je porte un chapeau avec une fleur.

Qui suis-je ? _____

Tristan

Jacob

Aldo

Félix

Le corrigé

Page 14 – Encore des voyelles !
Ami : a, i ;
banane : a, a, e ;
livre : i, e ;
école : é, o, e ;
crayon : a, y, o ;
pomme : o, e ;
ballon : a, o ;
chaise : a, i, e.

Page 20 – Des rimes pour Karim
Crayon et avion ; maman et divan ;
papa et opéra ; ami et Sylvie ; chien
et main.

Page 23 – L'alphabet
1. d, h, l, p, t, x.
2. a) x ; b) f ; c) f ; d) k ; e) l ; f) r ; g) t ;
   h) d ; i) k ; j) x.

Page 25 – Des lettres et des chiffres
a) 1 ; b) 3 ; c) 5 ; d) 5 ; e) 5 ; f) 5 ; g) 5 ;
h) 8 ; i) 6 ; j) 9.

Page 27 – Qui suis-je ?
Kim ; Alice ; Steve ; Karim ; Julie ; Sarah ;
Jean ; Rania ; Simon.

Page 28 – J'ai des devoirs maintenant
a) J'ai un chat.
b) Je dessine une fleur.
c) Je mange une collation.
d) J'ouvre un livre.
e) J'aide ma maman.

Page 30 – Jeu de mémoire
Un chat, un livre, un crayon, un chien,
un soulier, un chapeau, une mitaine,
une robe, un pupitre, un bas.

Page 32 – Quelle semaine !
Chienne ; brocoli ; ananas ; Simon ;
poupée ; chatte ; bonbon.

Page 33 – Un ou une ?
Un ananas ; un gâteau ; une corde ;
un bonbon ; une chatte ; une poupée ;
un brocoli ; une chienne ; une journée ;
un mois.

Page 35 – Venez à ma fête !
Bonjour les amis !

C'est ma fête dimanche. Venez
manger du gâteau. Je vous attends.
Gontran

Page 36 – Des mots entrecroisés

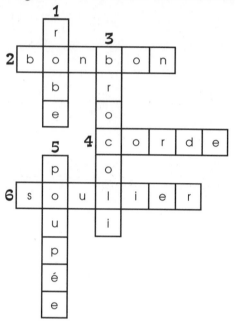

Page 37 – Je connais ce que je mange
Céleri ; brocoli ; carotte ; laitue ; radis.

Page 38 – Une amie qui vient d'ailleurs
a) une fleur ; b) une chienne ; c) un
bonbon ; d) une semaine ; e) une poupée ; f) un chien ; g) une chatte ; h) un
ananas ; i) une amie ; j) une corde.

Page 39 – Des fruits et des légumes
Colonne gauche : piment ; tomate ;
céleri ; champignon ; banane.
Colonne droite : orange ; haricot ;
framboise ; cantaloup ; carotte.

Page 43 – Un monde coloré
a) brun ; b) verte ; c) petit ; d) noire ;
e) bleue ; f) chienne ; g) fleur ;
h) chapeau ; i) gâteau ; j) bonbon.

Page 44 – Semblable mais pas pareil
1. a) pupitre ; b) robe ; c) brocoli ;
   d) brun ; e) chapeau.
2. a) chapeau ; b) orange ; c) robe ;
   d) gâteau ; e) rose.
3. a) maman ; b) crayon ; c) bonbon ;
   d) orange ; e) blanche.

Page 45 – Les parties de mon corps

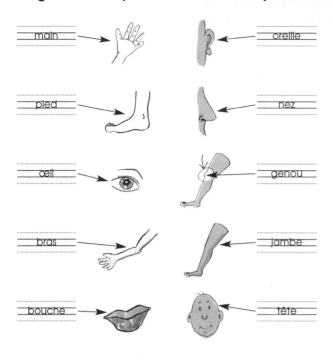

main

oreille

pied

nez

œil

genou

bras

jambe

bouche

tête

Page 46 – Les moustiques piquent
a) gros ; b) petit ; c) belle ; d) longues ;
e) content.

Page 47 – Qui suis-je ?
1. un pied ; 2. rouge ; 3. jaune ; 4. les
oreilles ; 5. petit ; 6. orange ; 7. le nez ;
8. une main ; 9. un chien ; 10. une chatte.

Page 49 – Les amis de Croque-Mots
La vache, le chat, le cochon, le cheval.

Page 50 – Une visite à l'aquarium
Cheval ; cochon ; vache ; chapeau ;
chaton.

Page 51 – La cigogne est passée
La ou une vache ; le ou un genou ; les
ou des poules ; les ou des pieds ; la ou
une main ; le ou un lapin.

Page 52 – Une promenade dans le bois
Sapin, fleur, roches, soulier, oiseaux.

Page 55 – Des mots glacés
Colonne gauche : teau ; pins ; chon ;
cons ; que.
Colonne droite : tins ; pent ; lard ; peau ;
nou.

Page 57 – Des boules de bonhomme
Glissade ; mitaine ; patine.

Page 58 – Des animaux en hiver
Devant, sur, derrière, sous.
Gontran est caché derrière l'arbre.

Page 60 – Une tempête de mots
Je porte un gilet rouge.
Je suis content quand il neige.
Je vois un oiseau sur un arbre.

Page 61 – Des lettres muettes
Foular**d** ; serpen**t** ; souri**s** ; peti**t** ; chau**d** ;
froi**d** ; ne**z** ; ski**s** ; ami**s** ; ba**s**.

Page 63 – Des phrases glacées
Julien fait un bonhomme de neige.
J'ai de beaux skis.
Il a une tuque sur la tête.
Il n'y a pas de chandelles sur le gâteau.
Le chien est près du chat.
Elle n'est pas triste.

Page 64 – Des sports glissants
1. a ; 2. e ; 3. d ; 4. b ; 5. c.

Page 65 – Vrai ou faux ?
a) faux ; b) vrai ; c) vrai ; d) faux.

Page 66 – Une glissade en skis
Une main = (in) ; un château = (o) ;
des flocons = (on) ; un foulard = (ou) ;
des enfants = (an).

Page 68 – Une course de chiens
2, 4, 1, 3.

Page 69 – Des accents variés
Colonne gauche : circonflexe ; aigu ;
grave ; circonflexe ; aigu.
Colonne droite : grave ; circonflexe ;
grave ; circonflexe ; circonflexe.

Page 71 – Il neige des lettres
Bonbon, froide, bouche, chaude,
chapeau, bottes, corde, poupée.

Page 72 – Un horaire très chargé
Chanter, patiner, manger, couper,
dîner, partir.

Page 73 – On construit un fort
Il y a 10 phrases.

Page 75 – La fête continue…
1. flèches ; froids ; oreilles ; fêtes ;
   chemises.
2. a) des raquettes ; b) les flocons ;

c) les mains ; d) des souliers.

Page 78 – Des fleurs qui parlent
Bonbon, bonjour, bonsoir.
Sapin, salon, savon.
Talon, table, tapis.

Page 81 – Un professeur en or
Cher, petit, aime, important, content, classe.

Page 82 – Vive l'amitié
1. oui ; 2. non ; 3. oui ; 4. non ; 5. non ;
6. oui ; 7. non ; 8. oui.

Page 83 – Surprise !
Soulier ; sirop, soupe, sapin, singe, serpent.
Chemise : magasin, oiseau, rose, raisin, ciseaux.

Page 84 – Une dictée difficile
Papa ; oiseau ; arbre ; Mon ; beau.

Page 85 – Des lettres mélangées
Colonne gauche : amie ou aime ; beau ou aube ; bleu ; cage ; deux.
Colonne droite : fête ; papa ; huit ; zéro ; gris.

Page 87 – Lulu est blessée
1. c ; 2. a ; 3. e ; 4. b ; 5. d.

Page 89 – J'ai manqué l'autobus
Je ne cours pas dans la classe.
Je n'écris pas sur mon pupitre.
Je lève la main pour parler.

Page 90 – Quelle est ma collation ?
1. banane ;   3. tomate.
2. fromage ;

Page 91 – Oh ! Que c'est beau !
Rid**eau**, chap**eau**, ch**au**de, b**o**cal, zér**o** ;
orange, b**eau**, **P**aulette, **eau**, **au**ssi.

Page 93 – Je sors ma bicyclette
1. selle ;
2. réflecteur ;
3. guidon ;
4. pédale ;
5. roue.

Page 94 – Mon parapluie dégoutte !
Fleur, bonjour, fourmi, montagne.

Page 95 – Les arbres ont changé
Réponses possibles : la fourmi travaillante ; les branches brunes ; le cochon affamé ; la neige blanche ; un parapluie ouvert.

Page 96 – Mes bottes de pluie rouges
R**ou**ges, b**ou**gent, f**ou**, c**ou**c**ou**, m**ou**illé, s**ou**s, d**oux**, b**oue**, **oup**s, gen**oux**, t**out**, c**oup**, r**ou**c**ou**le, y**ou**pi, t**out**.

Page 97 – Vive le printemps !
Il neige de gros flocons.
Les feuilles tombent des arbres.
On se baigne dans les lacs.

Page 99 – Quel est ce bruit ?
Colonne gauche : une voiture ; une sirène de pompier ; une abeille ; une horloge ; un coup de fusil.
Colonne droite : un chien ; un mouton ; un coq ; un téléphone ; un éternuement.

Page 101 – Le début et la fin
1. oui ; 2. oui ; 3. non ; 4. oui ; 5. non ;
6. non.

Page 102 – Des syllabes
1. a) 2 ; b) 3 ; c) 3 ; d) 1.
2. a) rou/ge ; b) mon/ta/gne ;
   c) mou/ton ; d) ba/teau ;
   e) mo/to/nei/ge ; f) sin/ge ; g) sa/lon ;
   h) fou/lard ; i) flo/con ; j) châ/teau.

Page 103 – Un pique-nique
(s) : garçon, moustique, puce.
(k) : cahier, insecte.
(z) : ciseaux, rose, télévision.
(ch) : chenille, mouche.

Page 104 – Ouf ! J'ai chaud !
Soleil ; chaude ; vent ; nuages ; gazon ; pluie ; casquette ; petite ; courte ; aime.

Page 106 – Des sports pas ordinaires
1. château ; 2. penser ; 3. grue ;
4. bonnets ; vents.

Page 107 – Et après ?
Colonne gauche : printemps ; vert ; botte ; vache ; sept.
Colonne droite : glaçons ; pied ; chanter ; roule ; patins.

Page 109 – Un jeu fou
1. 2ᵉ dessin ;
2. 1ᵉʳ dessin ;
3. 1ᵉʳ dessin ;
4. 2ᵉ dessin.

Page 110 – Des gens d'action
1. il lit ; 2. elle court ; 3. ils chantent ;
4. il lance ; 5. il saute.

Page 111 – J'aime les médailles
(f) : dauphin, éléphant, fille, girafe.
(o) : dauphin, Maude, mot, rideau.
(j) : girafe, image, jus.

Page 112 – Un petit effort
Récréation

Page 115 – Le grand ménage
3 – 1 – 2 – 5 – 4

Page 116 – J'aime ton genre
Féminin : une classe amusante ; la lettre
perdue ; une élève triste.
Masculin : le fruit mûr ; les sourcils bruns ;
des amis heureux.

Page 118 – Ah ! Ah ! Ah !
5 fois

Page 120 – Ma bicyclette rouge
Couleurs : rouge, bleu, vert, noir, jaune.
Moyens de transport : bicyclette,
voiture, patins à roues alignées,
autobus, camionnette.

Page 121 – Vrai ou faux ?
a) vrai ; b) vrai ; c) vrai ; d) faux ; e) vrai ;
f) faux ; g) vrai ; h) vrai ; i) faux ; j) vrai.

Page 123 – Une visite au parc
Arbuste – baignade – copain – deux –
été.

Page 124 – Une crevaison
2 – 5 – 6 – 3 – 1 – 4

Page 125 – Des images estivales
Trois piscines, cinq chapeaux, deux
amis, quatre chambres à air, trois paires
de lunettes, un bateau.

Page 126 – Une course en bateau
Le bateau n° 2 est gagnant.

Page 127 – Méli-mélo de lettres
1. ongle ; 2. bras ; 3. nez ; 4. pied ;
5. main ; 6. orteil ; 7. genou ; 8. yeux ;
9. dos ; 10. coude.

Page 129 – Des mots qui riment
Agile, pile, ville.
Bille, chenille, fille.
Tapis, riz, nid.
Corps, porc, dehors.
Soleil, orteil, oreille.

**Page 130 – Une carte postale juste
pour toi**
1. très beau ; 2. chaud ; 3. jours ;
4. copains ; 5. vacances.

Page 131 – J'aime voyager
1. vacances ; 2. sports ; 3. ballon ;
4. tentes.
A. valises ; B. plage ; C. sable ;
D. lunettes.

Page 133 – Le camping rêvé !
Fle : trèfle, pantoufle, siffle.
Cle : oncle, boucle, miracle.
Gle : règle, ongle, aigle.
Ble : table, meuble, aimable.

Page 134 – Une drôle de pêche
1. brun ; 2. étroit ; 3. recette ; 4. huître ;
5. saucisse ; 6. distance ; 7. un œuf.

Page 135 – J'adore la crème glacée
Le ou un parasol ; la ou une piscine ;
les ou des clôtures ; le ou un cirque ;
les ou des manèges ; la ou une roulotte.

Page 136 – Un feu d'artifice magique
Arbre, bouche, ciel, dent, enfant, foire,
guitare.

Page 138 – Une recherche
A – c – d – f – g

Page 139 – Un plongeon spectaculaire
1. Aldo ;
2. Félix ;
3. Tristan ;
4. Jacob.

143

Liste des étiquettes-mots

abeille
ami
amie
ananas
araignée
arbre
avion
balle de
 neige
ballon
banane
bas
bateau
bâton
beau
bicyclette
blanc
blanche
bleu
bleue
bonbon
bonhomme
 de neige
bonjour
bottes
bottine
bouton
branche
brocoli
brun
brune
cage
casquette

chanter
chapeau
chat
château
chaton
chatte
chaud
chaude
chemise
chenille
cheval
chien
chienne
chiffres
cinq
ciseaux
classe
cochon
collation
copain
corde
cornet
cou
courir
crayon
crocodile
croix
deux
école
écrire
élève
été
fenêtre

fête
fille
flèche
fleur
flocons
foulard
fourmi
froid
froide
fruit
gants
garçon
gâteau
glisser
gomme
gris
grise
huit
il neige
jaune
jouer
journée
l'hiver
lac
lapin
légume
lettre
lit
livre
magasin
maison
maman
manger

manteau
marmotte
mitaine
mois
montagne
motoneige
mouton
neuf
noir
noire
noix
nuage
oiseau
orage
orange
panier
pantalon
papa
parapluie
patins
pente
petit
pneu
poule
poupée
pupitre
quatre
rang
raquettes
récréation
reine
repos
rideau

rivière
riz
robe
rose
rouge
sourcil
rue
salon
sept
serpent
singe
six
skis
soulier
soupe
sourire
souris
tapis
télévision
toboggan
tortue
trois
tulipe
tuque
un
vache
vert
verte
voiture
yeux
zéro

144

Achevé d'imprimer au Canada en mai 2006